Impressum
Verlag: BABADADA GmbH, Nedderfeld 112 , 22529 Hamburg
Geschäftsführer / Verlagsleitung: Harald Hof
Druck: Books on Demand GmbH, In de Tarpen 42, 22848 Norderstedt

Imprint
Publisher: BABADADA GmbH, Nedderfeld 112 , 22529 Hamburg, Germany
Managing Director / Publishing direction: Harald Hof
Print: Books on Demand GmbH, In de Tarpen 42, 22848 Norderstedt, Germany

de School
学校

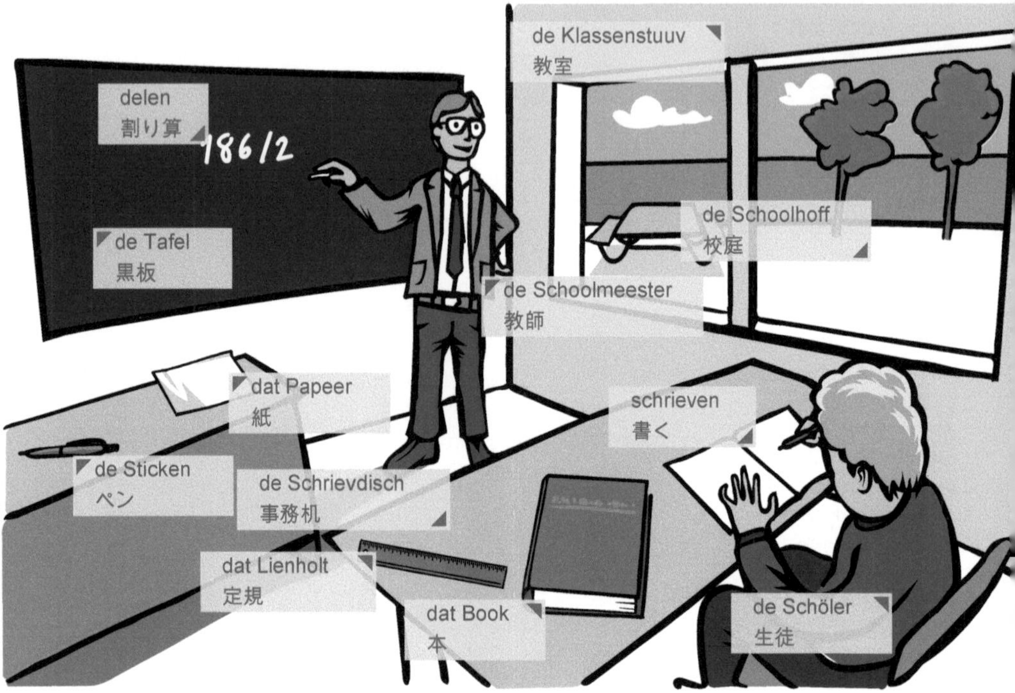

de Klassenstuuv
教室
delen
割り算
186/2
de Tafel
黒板
de Schoolhoff
校庭
de Schoolmeester
教師
dat Papeer
紙
schrieven
書く
de Sticken
ペン
de Schrievdisch
事務机
dat Lienholt
定規
dat Book
本
de Schöler
生徒

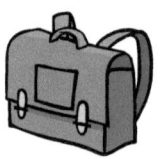

de Ranzel
ランドセル

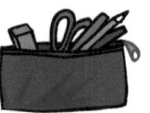

de Feddermapp
筆入れ

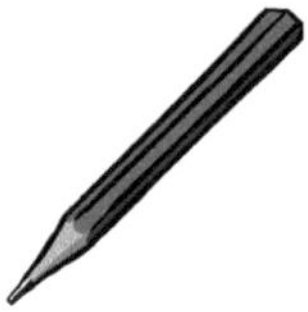

de Bleesticken
鉛筆

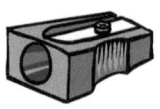

de Scharpmaker
鉛筆削り

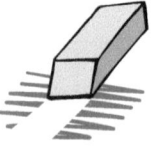

dat Radeergummi
消しゴム

de Tekenblock
スケッチブック

de Teken

スケッチ

de Pinsel

絵筆

de Malkassen

絵の具箱

de Scheer

はさみ

de Klever

接着剤

dat Heft to'n Öven

練習帳

de Huusopgaav

宿題

12

de Tall

数

2+2

tohooptellen

足し算

5-2

aftrecken

引き算

2×2

malnehmen

かけ算

reken

計算する

A

de Bookstaav

文字

ABCDEFG HIJKLMN OPQRSTU VWXYZ

dat ABC

アルファベット

hello

dat Woort

単語

de Text
テキスト

lesen
読む

de Kried
チョーク

de Stunn
授業

dat Klassenbook
学級日誌

de Pröven
試験

dat Tüügnis
通知表

de Schooluniform
制服

de Utbillen
教育

dat Nakieksel
百科事典

de Universität
大学

dat Mikroskop
顕微鏡

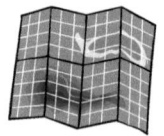
de Koort
地図

de Papeerkorf
ごみ箱

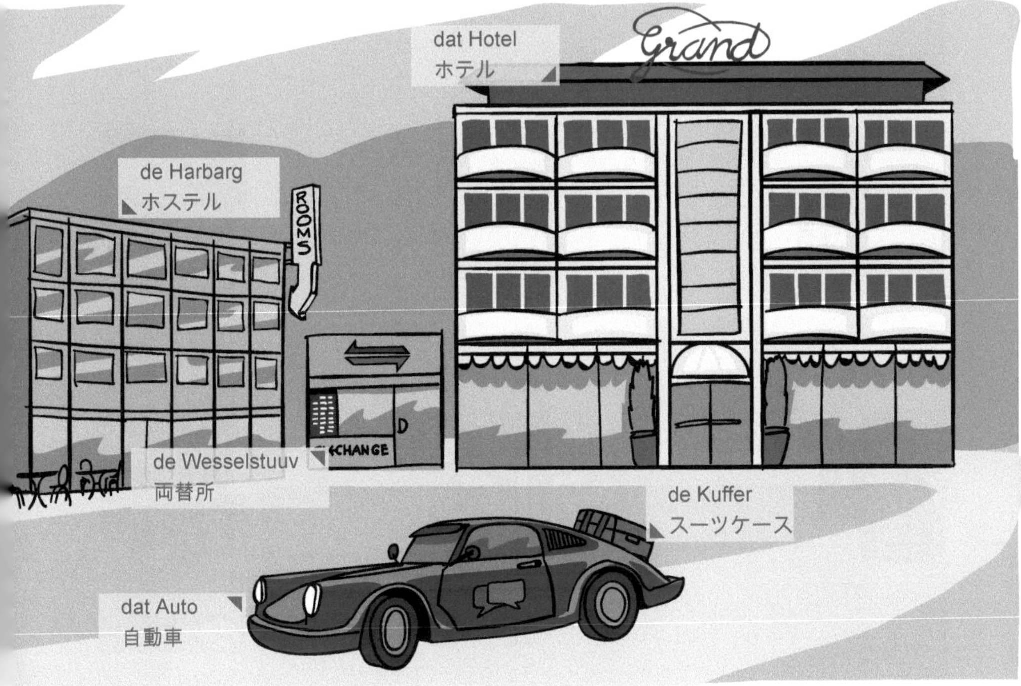

dat Hotel
ホテル

Grand

de Harbarg
ホステル

ROOMS

de Wesselstuuv
両替所

EXCHANGE

de Kuffer
スーツケース

dat Auto
自動車

de Spraak

言語

jo / ne

はい / いいえ

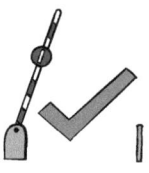

Jo

問題ない

Moin

ハロー

de Översetter

翻訳者

Dank ok

ありがとう

Wat kost…?

…はいくらですか？

Ik verstah nich

わかりません

dat Problem

問題

Goden Avend

こんばんは！

Moin!

おはようございます！

Gode Nacht!

おやすみなさい！

Tschüüs

さようなら

de Richt

方向

de Bagaasch

手荷物

de Tasch

バッグ

de Rüchsack

リュックサック

de Gast

お客様

de Stuuv

部屋

de Slaapsack

寝袋

dat Telt

テント

Touristeninformatschoon

旅行者情報

de Strand

ビーチ

de Kreditkoort

クレジットカード

dat Fröhstück

朝食

dat Meddageten

昼食

dat Avendeten

夕食

de Fohrkort

チケット

de Fohrstohl

エレベーター

de Breefmark

スタンプ

de Grenz

境界

de Toll

税関

de Bottschop

大使館

dat Visum

ビザ

de Pass

パスポート

de Transport

輸送

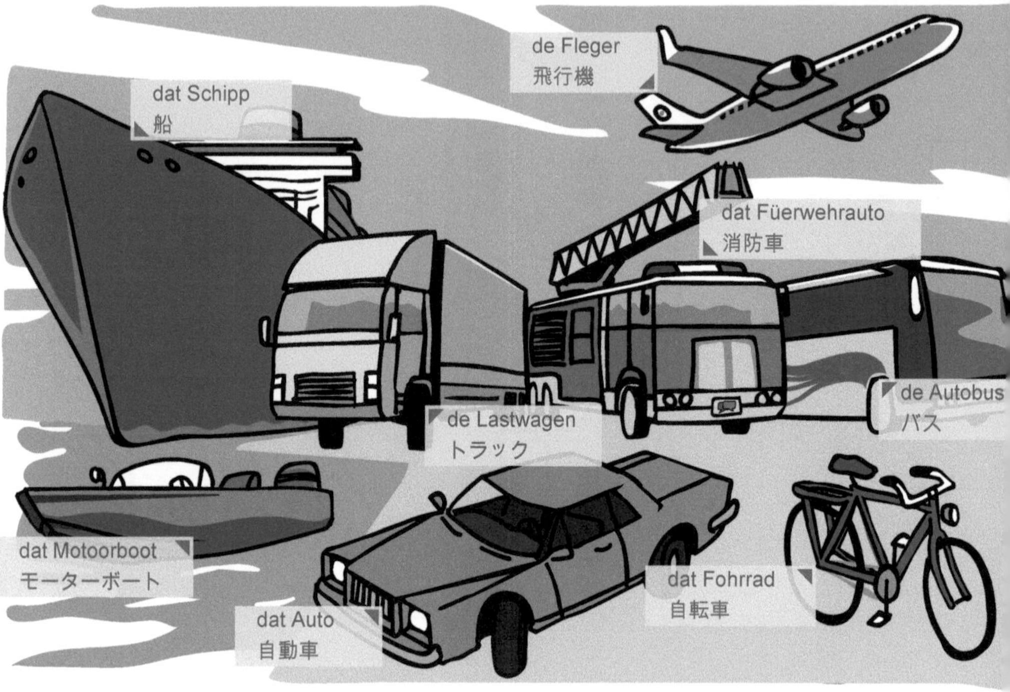

de Fleger
飛行機
dat Schipp
船
dat Füerwehrauto
消防車
de Autobus
バス
de Lastwagen
トラック
dat Motoorboot
モーターボート
dat Fohrrad
自転車
dat Auto
自動車

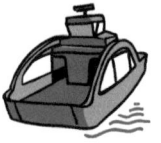

de Fähr

フェリー

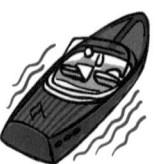

dat Boot

ボート

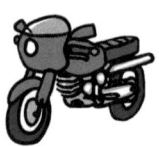

dat Motoorrad

バイク

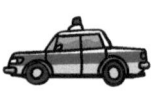

dat Polizeiauto

パトカー

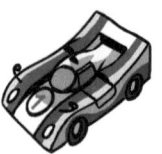

dat Rönnauto

レーシングカー

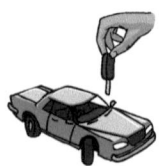

de Lehnwagen

レンタカー

dat Carsharing

カーシェアリング

de Afsleepwagen

レッカー車

dat Müllauto

ごみ収集車

de Motoor

モーター

de Kraftstoff

燃料

de Tanksteed

ガソリンスタンド

dat Verkehrsschild

交通標識

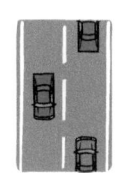

de Verkehr

交通

de Stau

渋滞

de Afstellplatz

駐車場

de Bahnhoff

駅

de Sporen

道

de Tog

列車

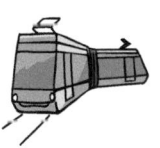

de Stratenbahn

路面電車

de Wagon

車両

de Dwarsmöhl

ヘリコプター

de Flooghaven

空港

de Tower

タワー

de Fohrgast

乗客

de Grootkist

コンテナ

de Karton

段ボール箱

de Koor

カート

de Korf

カゴ

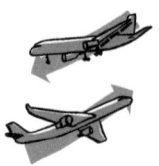

starten / lannen

離陸 / 着陸

de Stadt

都市

dat Dörp

村

de Binnenstadt

都心

dat Huus

家

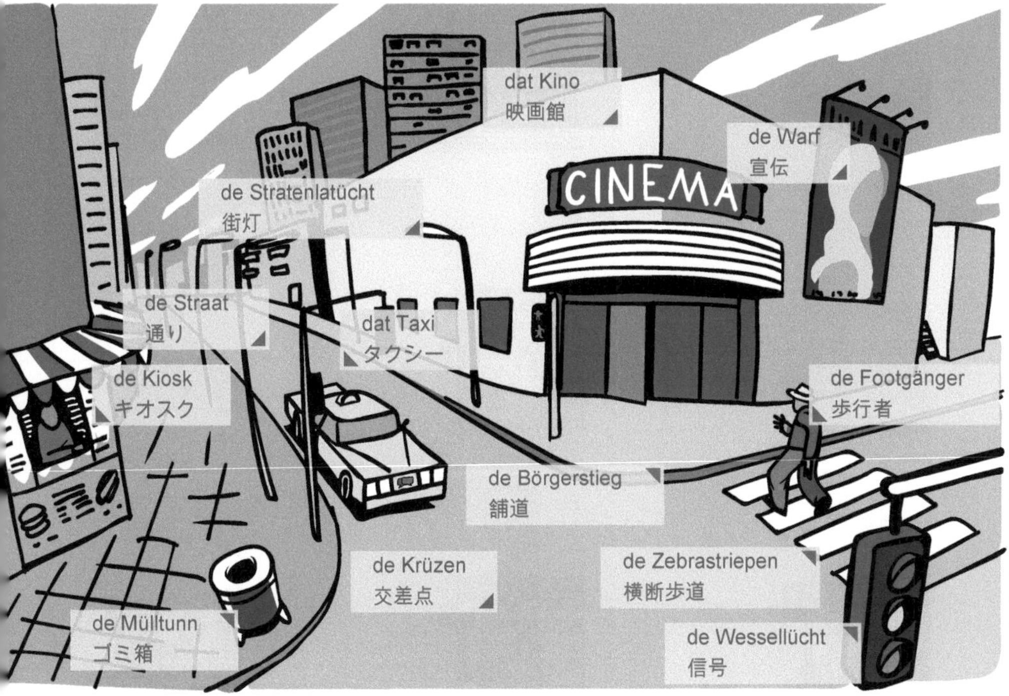
dat Kino
映画館
de Warf
宣伝
CINEMA
de Stratenlatücht
街灯
de Straat
通り
dat Taxi
タクシー
de Kiosk
キオスク
de Footgänger
歩行者
de Börgerstieg
舗道
de Krüzen
交差点
de Zebrastriepen
横断歩道
de Mülltunn
ゴミ箱
de Wessellücht
信号

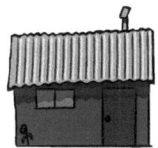

de Hütt

小屋

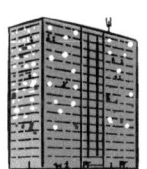

de Wahnung

アパート

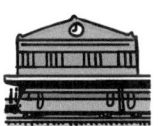

de Bahnhoff

駅

dat Raathuus

市役所

MUSEUM

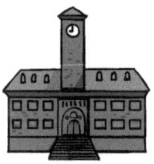

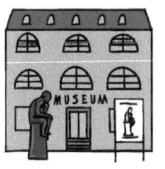

dat Museum

美術館

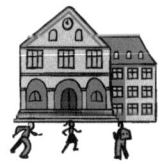

de School

学校

de Universität

大学

de Bank

銀行

dat Krankenhuus

病院

dat Hotel

ホテル

de Afteek

薬局

dat Büro

オフィス

de Bookhökerie

書店

de Hökerie

ショップ

de Blomenhökerie

花屋

de Supermarkt

スーパーマーケット

de Markt

市場

dat Koophuus

デパート

de Fischhökerie

魚屋

dat Inkoopszentrum

ショッピングセンター

de Haven

港

de Parkanlaag

公園

de Bank

ベンチ

de Brüch

橋

de Trepp

階段

de Ünnergrundbahn

地下鉄

de Tunnel

トンネル

de Busstoppsteed

バス停

de Bar

バー

dat Spieslokal

レストラン

de Breefkassen

ポスト

dat Stratenschild

道路標識

de Parkklock

パーキングメーター

de Deertenpark

動物園

de Baadanstalt

スイミングプール

de Moschee

モスク

de Buernhoff

農場

de Ümweltversmudden

汚染

de Karkhoff

墓地

de Kark

教会

de Speelplatz

遊び場

de Tempel

寺

de Landschop
風景

dat Blatt
葉

de Wiespahl
道標

de Weg
道

de Wisch
草地

de Steen
石

de Boom
木

de Wannerer
ハイカー

de Fluss
川

dat Gras
草

de Bloom
花

dat Daal
谷

de Barg
山

de See
湖

dat Holt
森

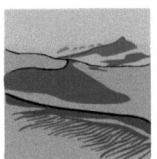

de Wööst
砂漠

de Füerspien Barg
火山

dat Slott
城

de Regenbagen
虹

de Poggenstohl
キノコ

de Palm
ヤシの木

de Steekmück
蚊

de Fleeg
ハエ

de Miegeemk
蟻

de Imm
ミツバチ

de Spinn
クモ

de Sebber

カブトムシ

de Pogg

蛙

de Katteker

リス

de Swienegel

ハリネズミ

de Haas

ウサギ

de Uul

フクロウ

de Vagel

鳥

de Swaan

白鳥

dat Wildswien

雄豚

de Hirsch

鹿

de Elk

ヘラジカ

de Staudamm

ダム

dat Windrad

風力タービン

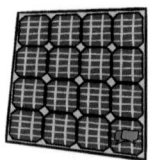

dat Solarmodul

ソーラーパネル

dat Klima

気候

dat Spieslokal
レストラン

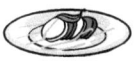

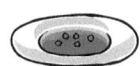

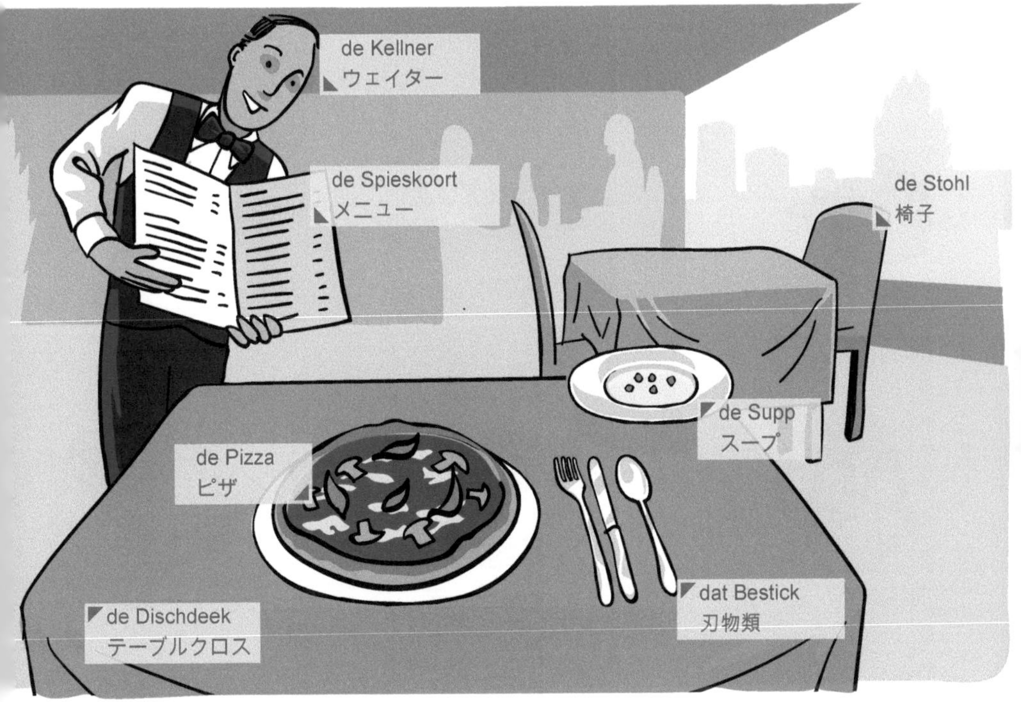

de Kellner
ウェイター
de Spieskoort
メニュー
de Stohl
椅子
de Supp
スープ
de Pizza
ピザ
dat Bestick
刃物類
de Dischdeek
テーブルクロス

de Vörspies

前菜

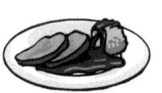

dat Haupteten

メインコース

de Nadisch

デザート

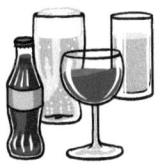

de Drünk

飲み物

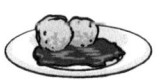

dat Eten

食べ物

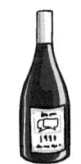

de Buddel

ボトル

dat Fastfood

ファストフード

dat Strateneten

屋台の食べ物

de Teekann

ティーポット

de Zuckerdoos

砂糖入れ

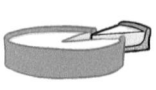

de Portschoon

一人前

de Espressomaschien

エスプレッソマシン

de Hoochstohl

幼児用食事椅子

de Reken

請求書

dat Tablett

トレー

dat Mess

ナイフ

de Gavel

フォーク

de Lepel

スプーン

de Teelepel

ティースプーン

dat Munddook

ナプキン

dat Glas

グラス

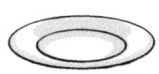

de Töller

皿

de Suppentöller

スープ皿

de Ünnertass

受け皿

de Sooß

ソース

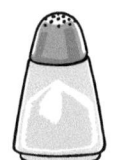

de Soltstreuer

塩入れ

de Pepermöhl

ペッパーミル

de Etig

酢

dat Ööl

油

de Krüder

スパイス

de Ketchup

ケチャップ

de Mostrich

マスタード

de Mayonnaise

マヨネーズ

de Supermarkt

スーパーマーケット

dat Anbott
特価品
FOR
de Kunn
顧客
de Melkprodukten
乳製品
dat Aaft
果物
de Inkoopswagen
ショッピング・カート

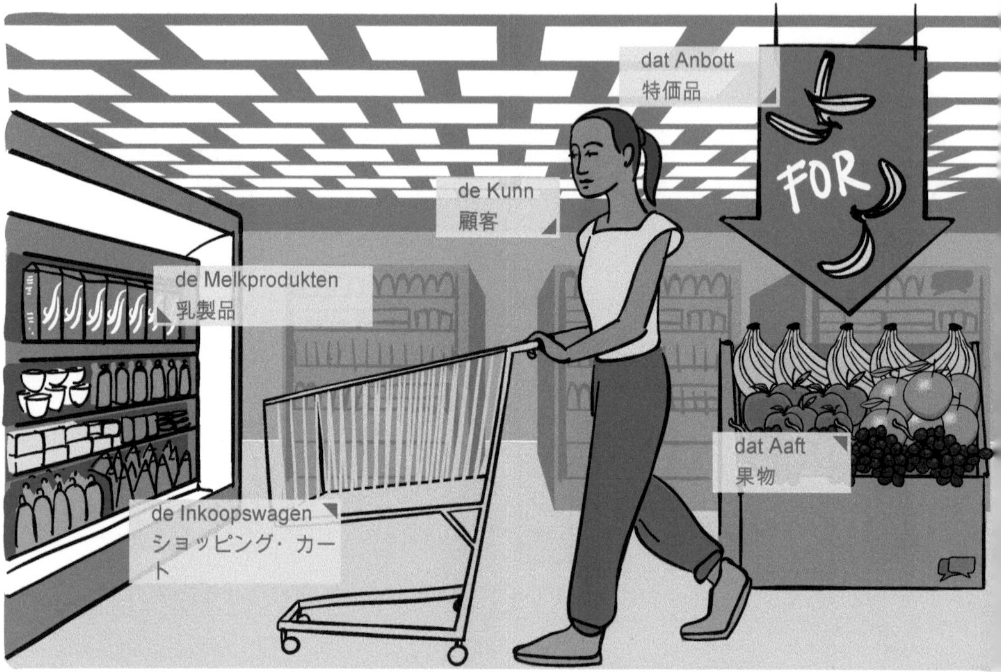

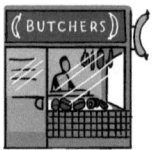

BUTCHERS

de Slachterie

肉屋

BAKERY

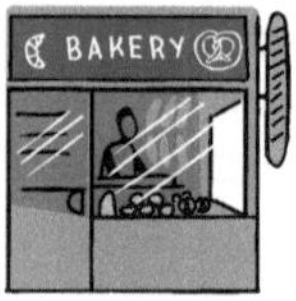

de Bäckerie

パン屋

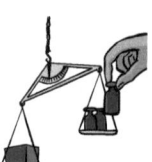

wegen

重さをはかる

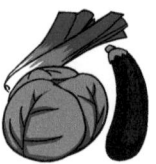

de Gröönsaken

野菜

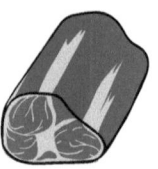

dat Fleesch

肉

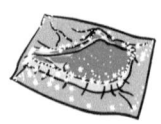

de Deepköhlkost

冷凍食品

de Opsnitt

冷肉の薄切り

de Konserven

缶詰食品

de Waschmiddel

洗剤

de Snoopkraam

菓子

de Huushooltssaken

家庭用品

de Reinmaaktüüch

清掃用品

de Verköpersche

販売員

de Kass

現金箱

de Kasserer

レジ係

de Inkoopslist

買い物リスト

de Opsparrtieden

開館時刻

de Breeftasch

財布

de Kreditkoort

クレジットカード

de Tasch

バッグ

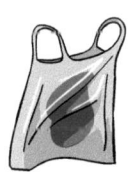

de Plastiktüüt

ポリ袋

dat Water

水

de Saft

ジュース

de Melk

牛乳

de Cola

コーラ

de Wien

ワイン

dat Beer

ビール

de Spriet

アルコール

de Kakao

ココア

de Tee

紅茶

de Koffie

コーヒー

de Espresso

エスプレッソ

de Cappucino

カプチーノ

de Banaan

バナナ

de Appel

リンゴ

de Appelsien

オレンジ

de Meloon

メロン

de Zitroon

レモン

de Wöttel

ニンジン

de Knuuvlook

ニンニク

de Bambus

竹

de Zibbel

玉ねぎ

de Poggenstohl

キノコ

de Nööt

ナッツ

de Nudeln

ヌードル

de Spaghetti

スパゲッティ

de Ries

米

de Salat

サラダ

de Pommes frites

フライドポテト

de Braadkantüffeln

フライドポテト

de Pizza

ピザ

de Hamborger

ハンバーガー

dat Sandwich

サンドウィッチ

dat Snitzel

カツレツ

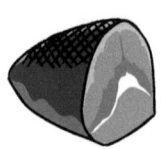

de Schinken

ハム

de Salami

サラミ

de Wust

ソーセージ

dat Hohn

鶏肉

de Braden

焼き

de Fisch

魚

de Haverflocken

麦のお粥

dat Müsli

ムーズリ

de Cornflakes

コーンフレーク

dat Mehl

小麦粉

de Croissant

クロワッサン

dat Rundstück

ロールパン

dat Broot

パン

dat Toast

トースト

de Keksen

ビスケット

de Botter

バター

de Quark

カッテージチーズ

de Koken

ケーキ

dat Ei

卵

dat Spegelei

目玉焼き

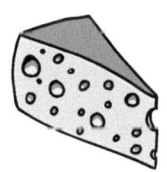

de Kees

チーズ

de Ies

アイスクリーム

de Zucker

砂糖

de Honnig

はちみつ

de Marmelaad

ジャム

de Nougat-Creme

ヌガークリーム

dat Curry

カレー

de Buernhoff

農場

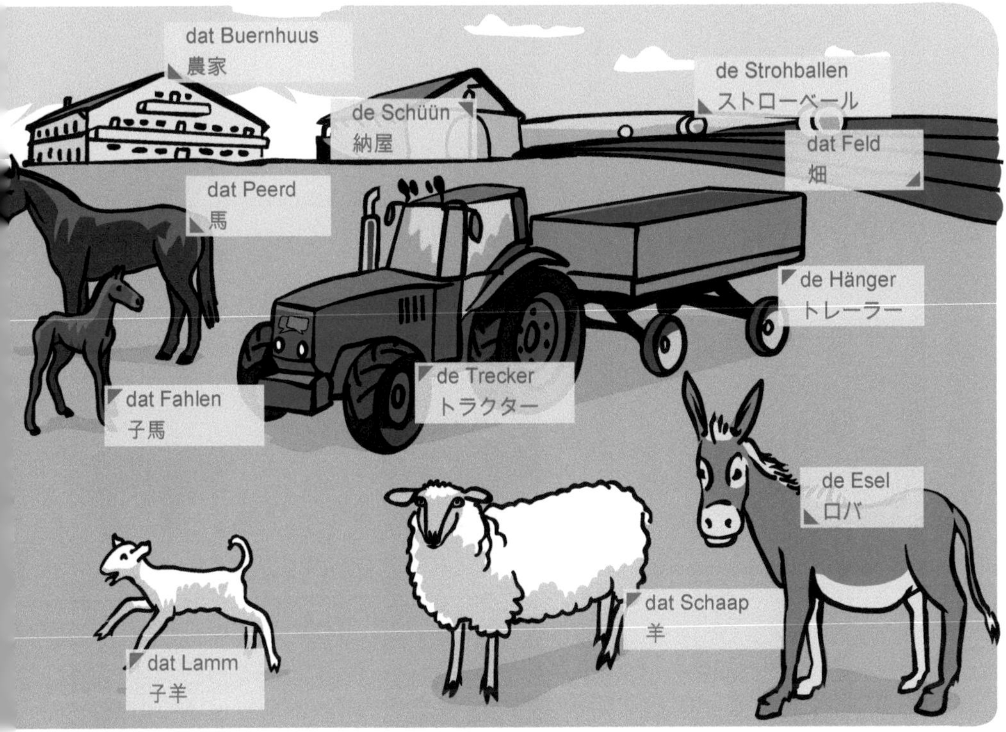

dat Buernhuus
農家
de Schüün
納屋
de Strohballen
ストローベール
dat Feld
畑
dat Peerd
馬
de Hänger
トレーラー
de Trecker
トラクター
dat Fahlen
子馬
de Esel
ロバ
dat Schaap
羊
dat Lamm
子羊

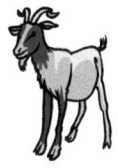

de Zeeg

ヤギ

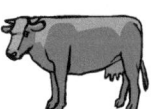

de Koh

雌牛

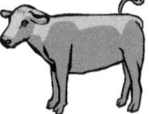

dat Kalf

子牛

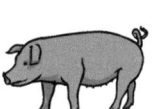

dat Swien

豚

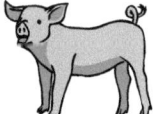

dat Farken

子豚

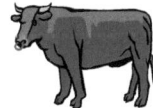

de Bull

雄牛

de Goos

ガチョウ

de Aant

アヒル

dat Küken

ひよこ

dat Hohn

にわとり

de Hahn

おんどり

de Rott

ネズミ

de Katt

猫

de Muus

ねずみ

de Oss

雄牛

de Hund

犬

de Hunnenhütt

犬小屋

de Goornslauch

散水ホース

de Geetkann

じょうろ

de Lee

大鎌

de Ploog

すき

de Sich

草刈り鎌

de Hack

くわ

de Mestfork

堆肥用フォーク

de Ext

斧

de Schuufkoor

手押し車

de Trog

かいばおけ

de Melkkann

牛乳缶

de Sack

袋

de Tuun

フェンス

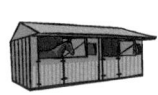

de Stall

畜舎

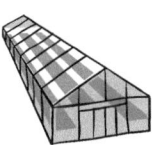

dat Drievhuus

温室

de Bodden

土壌

de Saat

種

de Dünger

肥料

de Meihdöscher

コンバイン

oornen

収穫する

de Oorn

収穫

de Yamswöttel

ヤマイモ

de Weten

小麦

dat Soja

大豆

de Kantüffel

じゃがいも

de Törksche Weten

トウモロコシ

de Rapp

菜種

de Aaftboom

果樹

de Troopsch Kantüffel

キャッサバ

dat Koorn

穀物

dat Huus

家

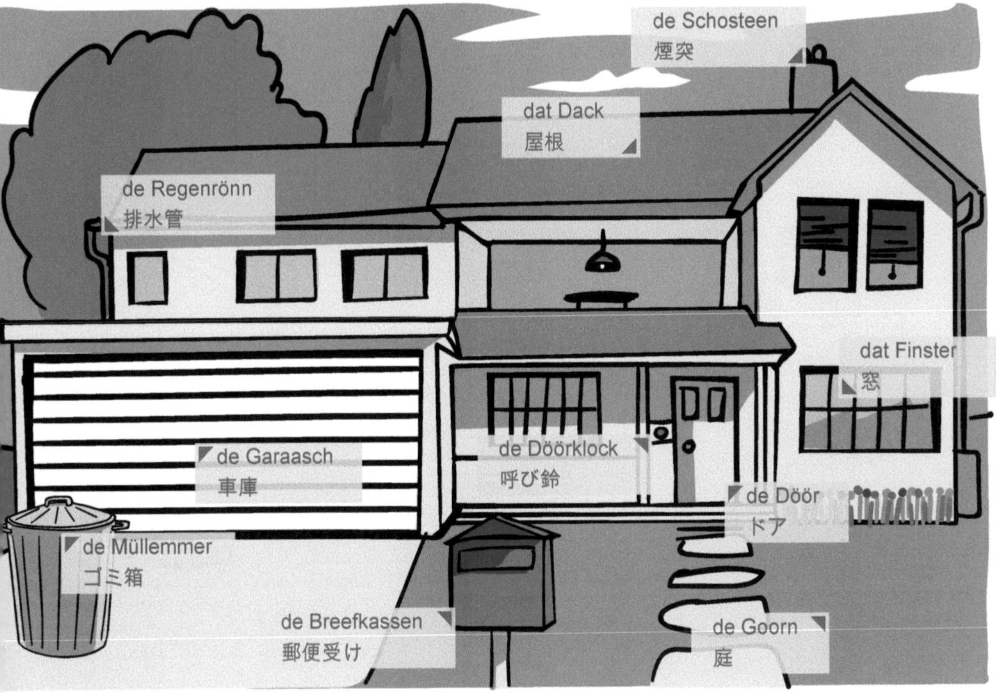

de Schosteen
煙突
dat Dack
屋根
de Regenrönn
排水管
dat Finster
窓
de Garaasch
車庫
de Döörklock
呼び鈴
de Döör
ドア
de Müllemmer
ゴミ箱
de Breefkassen
郵便受け
de Goorn
庭

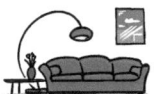

de Wahnstuuv

リビングルーム

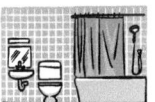

de Baadstuuv

浴室

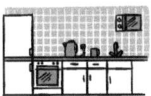

de Köök

台所

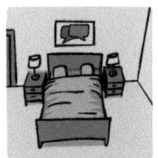

de Slaapstuuv

寝室

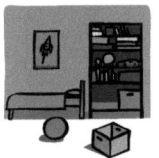

de Kinnerstuuv

子供部屋

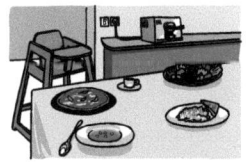

de Eetstuuv

ダイニング・ルーム

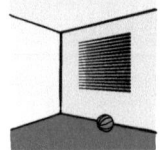

de Footbodden

床

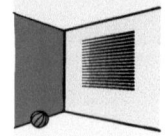

de Wand

壁

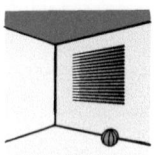

de Deek

天井

de Keller

地下貯蔵庫

dat Hittluftbad

サウナ

de Balkon

バルコニー

de Terrass

テラス

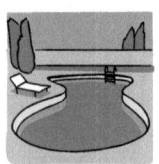

dat Swümmbad

プール

de Rasenmeiher

芝刈り機

de Bettbetog

シーツ

de Bettdeek

ベッドカバー

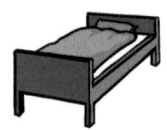

de Puuch

ベッド

de Bessen

ほうき

de Emmer

バケツ

de Schalter

スイッチ

de Wahnstuuv

リビングルーム

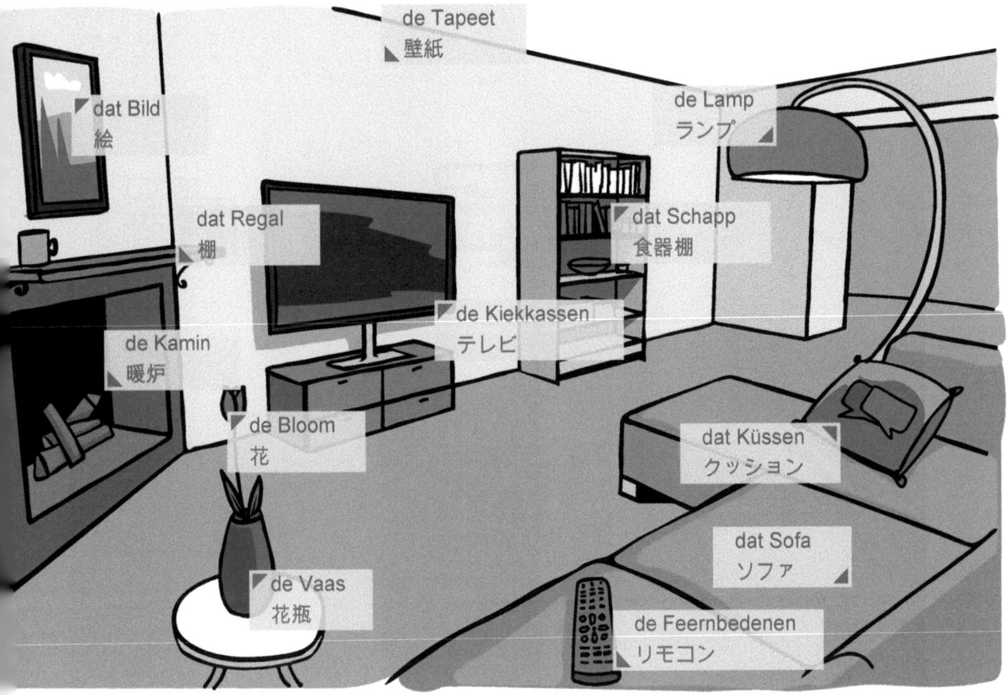
de Tapeet
壁紙
dat Bild
絵
de Lamp
ランプ
dat Regal
棚
dat Schapp
食器棚
de Kiekkassen
テレビ
de Kamin
暖炉
de Bloom
花
dat Küssen
クッション
dat Sofa
ソファ
de Vaas
花瓶
de Feernbedenen
リモコン

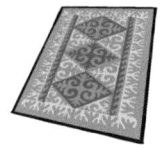

de Teppich

カーペット

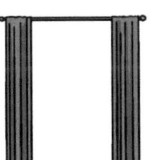

de Vörhang

カーテン

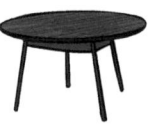

de Disch

テーブル

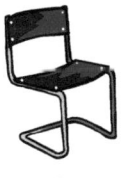

de Stohl

椅子

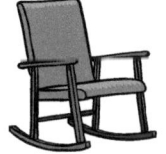

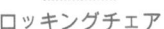

de Schuckelstohl

ロッキングチェア

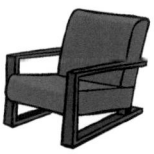

de Sessel

ひじ掛け椅子

dat Book

本

de Deek

毛布

de Dekoratschoon

飾り

dat Füerholt

たきぎ

de Film

映画

de Stereoanlaag

ステレオ

de Slötel

鍵

dat Narichtenblatt

新聞

dat Gemälde

絵画

dat Poster

ポスター

dat Radio

ラジオ

de Opschrievblock

メモ帳

de Huulbessen

掃除機

de Kaktus

サボテン

de Kars

ろうそく

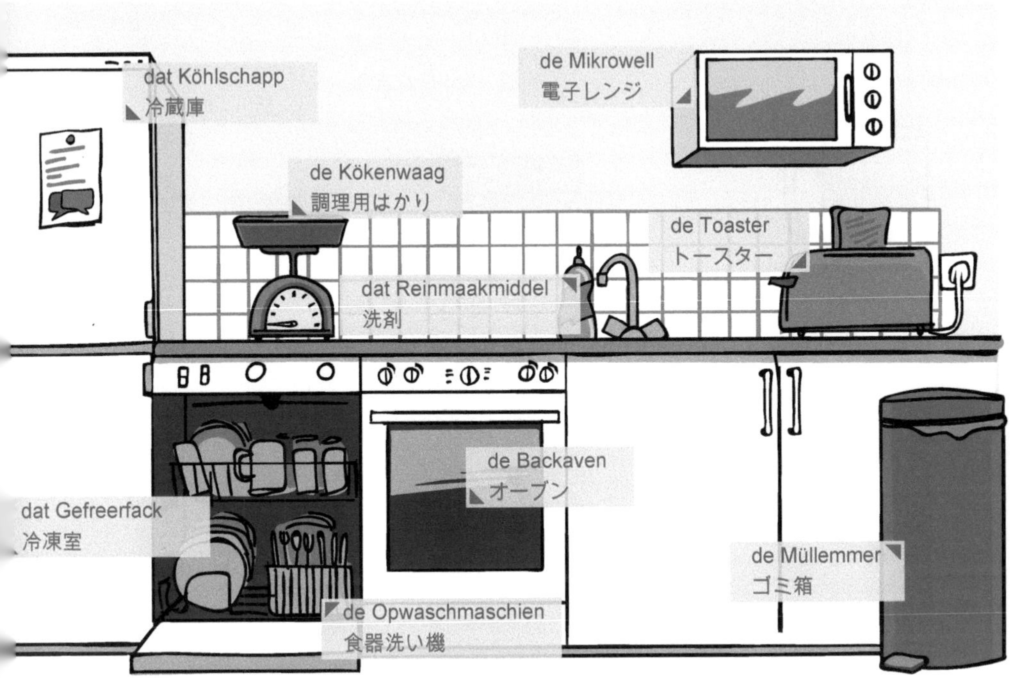

dat Köhlschapp
冷蔵庫

de Mikrowell
電子レンジ

de Kökenwaag
調理用はかり

dat Reinmaakmiddel
洗剤

de Toaster
トースター

de Backaven
オーブン

dat Gefreerfack
冷凍室

de Müllemmer
ゴミ箱

de Opwaschmaschien
食器洗い機

de Heerd
こんろ

de Pott
鍋

de Gussiesern Putt
鉄鍋

de Wok / Kadai
中華鍋/ カダイ鍋

de Pann
フライパン

de Waterkaker
やかん

de Dampkaakputt

蒸し器

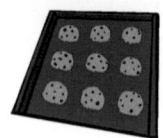

dat Backblick

天板

dat Geschirr

食器

de Beker

マグカップ

de Schaal

ボウル

de Eetsticken

箸

de Suppenkell

おたま

de Pannenwenner

へら

de Sneebessen

泡立て器

dat Kaakseef

こし器

dat Seef

ふるい

de Riev

すりおろし器

de Mörser

すり鉢

de Grill

バーベキュー

de Füerstell

かまど

dat Sniedbrett

まな板

dat Nudelholt

麺棒

de Proppentrecker

栓抜き

de Doos

缶

de Dosenaapner

缶切り

de Pottlappen

鍋つかみ

dat Waschbecken

流し

de Böst

ブラシ

de Swamm

スポンジ

de Mixer

ミキサー

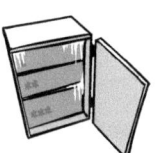

dat Iesschapp

冷凍庫

de Nuckelbuddel

哺乳瓶

de Waterhahn

蛇口

de Baadstuuv

浴室

de Heizung
ヒーター
dat Handdook
タオル
de Bruus
シャワー
de Bruusvörhang
シャワーカーテン
dat Schuumbad
泡風呂
de Baadwann
浴槽
dat Glas
グラス
de Waschmaschien
洗濯機
de Waterhahn
蛇口
de Fliesen
タイル
de lütte Putt
おまる
dat Waschbecken
流し

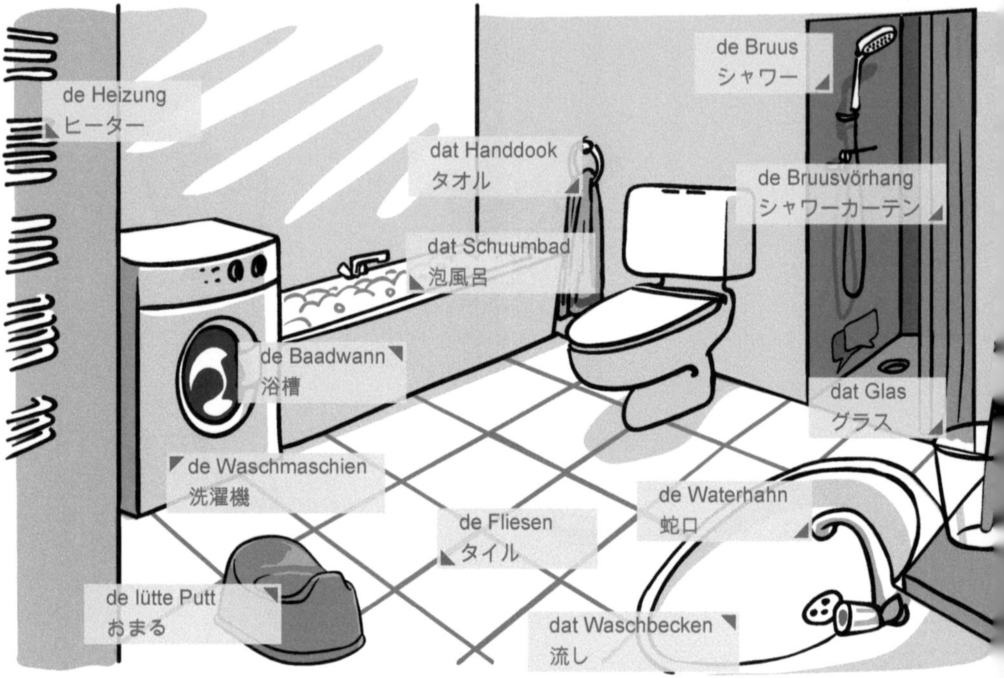

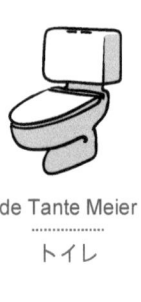

de Tante Meier

トイレ

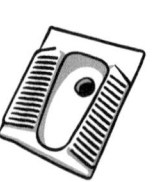

de Hockklo

和式トイレ

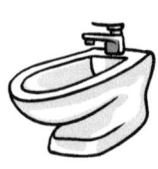

dat Bidet

ビデ

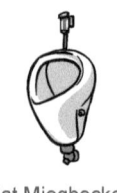

dat Miegbecken

小便器

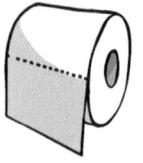

dat Klopapeer

トイレットペーパー

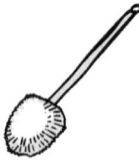

de Kloböst

トイレブラシ

de Tähnböst

歯ブラシ

de Tähnpast

歯みがき

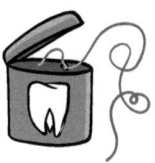

de Tähnsied

デンタルフロス

waschen

洗う

de Handbruus

シャワーヘッド

de Intimbruus

ハンドビデ

de Waschschöttel

洗面台

de Rüchböst

ボディブラシ

de Seep

石鹸

dat Bruusgeel

シャワー用ジェル

dat Hoorwaschmiddel

シャンプー

de Waschlappen

浴用タオル

de Afloop

排水口

de Creme

クリーム

dat Deodorant

消臭

de Spegel
鏡

de Kosmetikspegel
手鏡

de Raserer
かみそり

de Raseerschuum
シェービング・フォーム

dat Raseerwater
アフターシェーブローショ
ン

de Kamm
櫛

de Böst
ブラシ

de Hoordröger
ドライヤー

dat Hoorspray
ヘアスプレー

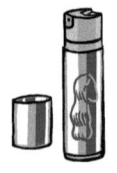

de Smink
化粧

de Lippensticken
口紅

de Nagellack
マニキュア

de Watt
脱脂綿

de Nagelscheer
爪切り

dat Rüükwater
香水

de Kulturbüdel

洗面用具入れ

de Schemel

スツール

de Waag

体重計

de Baadmantel

バスローブ

de Gummihanschen

ゴム手袋

de Tampon

タンポン

de Damenbinn

生理用ナプキン

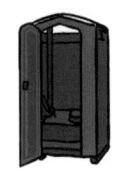

dat Chemieklo

ケミカルトイレ

de Kinnerstuuv
子供部屋

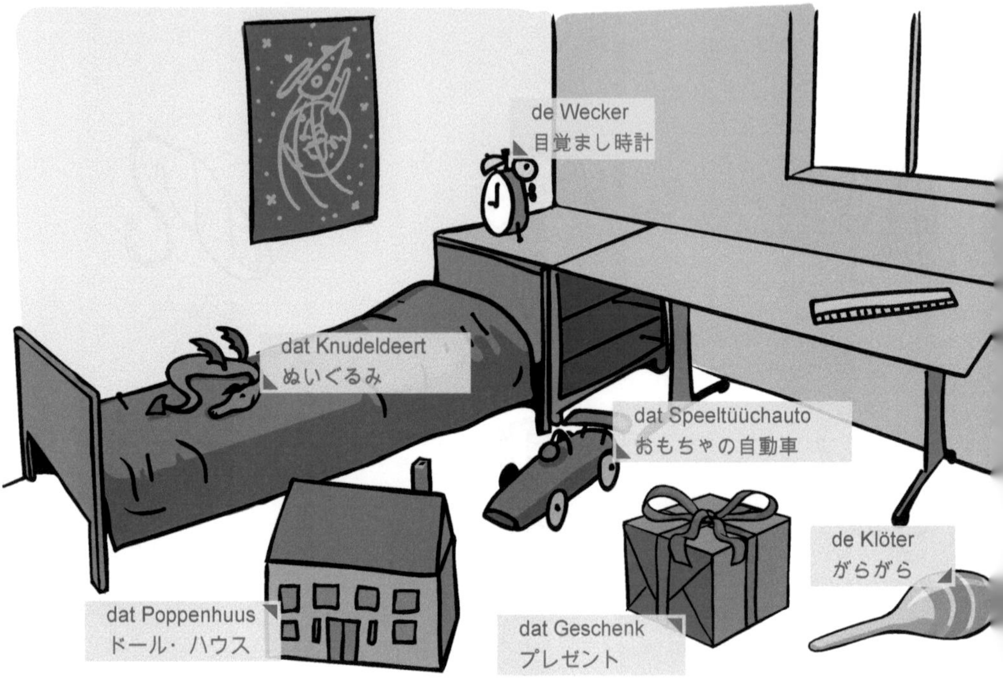
de Wecker
目覚まし時計
dat Knudeldeert
ぬいぐるみ
dat Speeltüüchauto
おもちゃの自動車
de Klöter
がらがら
dat Poppenhuus
ドール・ハウス
dat Geschenk
プレゼント

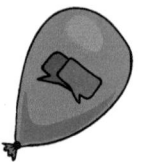

de Luftballon

風船

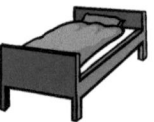

de Puuch

ベッド

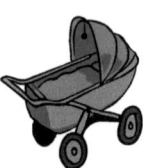

de Kinnerwagen

ベビーカー

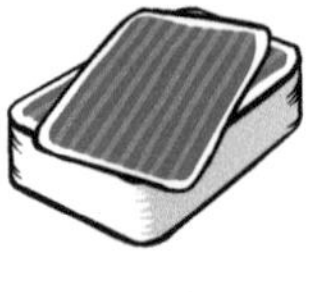

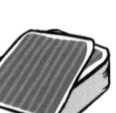

dat Koortenspeel

カードゲーム

dat Puzzle

ジグソーパズル

SUPER
MEGA

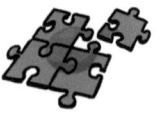

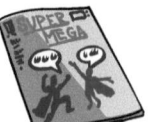

de Billergeschicht

漫画

de Legostenen

レゴ

de Bustenen

玩具ブロック

de Action-Figur

アクションフィギュア

de Strampelantog

ロンパース

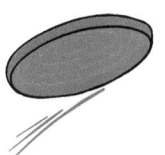

de Frisbeeschiev

フリスビー

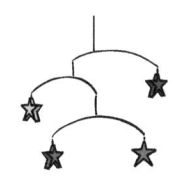

dat Mobile

モバイル

dat Brettspeel

ボードゲーム

de Wörpel

さいころ

de Modelliesenbahn

鉄道模型

de Snuller

おしゃぶり

de Party

パーティー

dat Billerbook

絵本

de Ball

ボール

de Popp

人形

spelen

遊ぶ

de Sandkassen

砂場

de Schuckel

ブランコ

dat Speeltüüch

おもちゃ

de Speelkonsool

ゲーム機

dat Dreerad

三輪車

de Teddyboor

テディベア

dat Klederschapp

衣装ダンス

dat Tüüch

衣服

de Socken

靴下

de Strümp

ストッキング

de Strumpbüx

タイツ

▼ dat Halsdook
スカーフ

de Liefreem
ベルト

de Paraplü
雨傘

▼ dat T-Shirt
Tシャツ

de Stevel
ブーツ

de Puuschen
▼ スリッパ

de Turnschoh
スニーカー

de Sandalen
....
サンダル

de Schoh
....
靴

de Gummistevel
....
ゴム長靴

de Ünnerbüx
....
パンツ

de Bostholler
....
ブラ

dat Ünnerhemd
....
ベスト

de Lief

ボディースーツ

de Büx

ズボン

de Jeansnüx

ジーンズ

de Rock

スカート

de Bluus

ブラウス

dat Hemd

シャツ

de Pullover

セーター

de Kapuzenpullover

パーカー

de Blazer

ブレザー

de Jack

ジャケット

de Mantel

コート

de Övertrecker

レインコート

dat Kostüm

服装

dat Kleed

ドレス

dat Hochtietskleed

ウェディングドレス

de Antog
スーツ

dat Nachtkleed
ナイトガウン

de Slaapantog
パジャマ

de Sari
サリー

dat Koppdook
ヘッドスカーフ

de Turban
ターバン

de Burka
ブルカ

de Kaftan
カフタン

de Abaya
アバヤ

de Baadantog
水着

de Baadbüx
トランクス

de Korte Büx
半ズボン

de Antog to'n Öven
スウェットスーツ

de Schört
エプロン

de Handschoh
手袋

de Knopp

ボタン

de Brill

メガネ

dat Armband

ブレスレット

de Halskeed

ネックレス

de Ring

指輪

de Ohrbummel

イヤリング

de Mütz

帽子

de Klederbögel

ハンガー

de Hoot

帽子

de Binner

ネクタイ

de Rietslüter

ファスナー

de Helm

ヘルメット

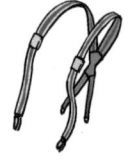

dat Drachtband

サスペンダー

de Schooluniform

制服

de Uniform

ユニフォーム

de Severböten
よだれかけ

de Snuller
おしゃぶり

de Winnel
おむつ

dat Büro
オフィス

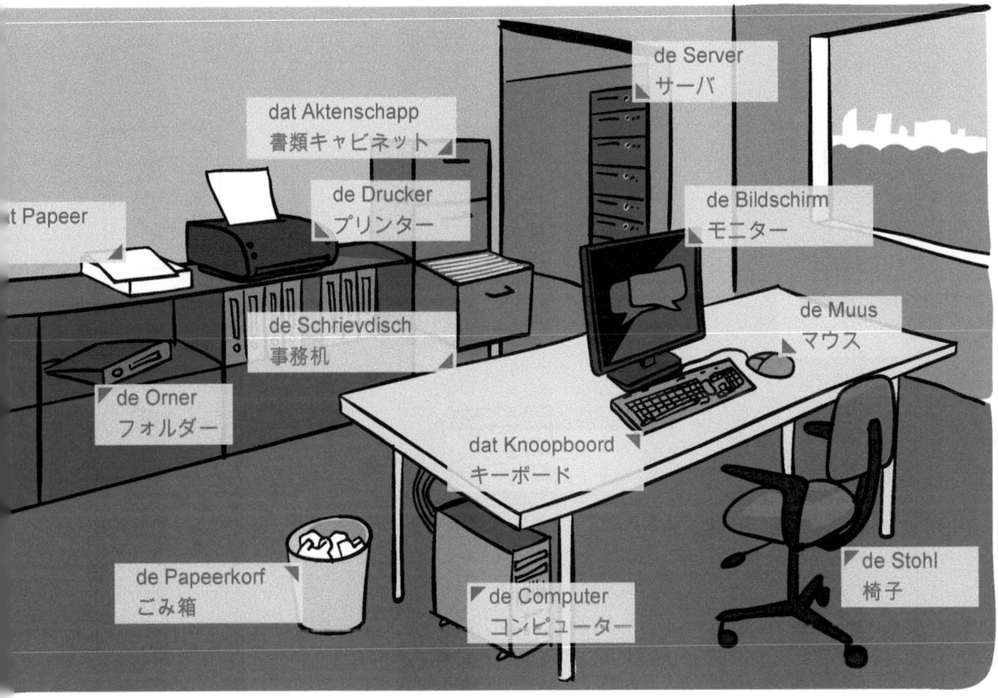

de Server
サーバ

dat Aktenschapp
書類キャビネット

de Drucker
プリンター

de Bildschirm
モニター

t Papeer

de Schrievdisch
事務机

de Muus
マウス

de Orner
フォルダー

dat Knoopboord
キーボード

de Papeerkorf
ごみ箱

de Computer
コンピューター

de Stohl
椅子

de Koffiebeker
コーヒーマグ

de Taschenreekner
計算機

dat Internet
インターネット

de Klappreekner

ラップトップ

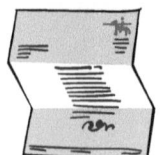

de Breef

手紙

de Naricht

メッセージ

de Ackersnacker

携帯電話

dat Nettwark

ネットワーク

de Kopeerapparat

コピー機

de Software

ソフトウェア

de Klöönkassen

電話

de Steekdoos

コンセント

de Faxapparat

ファックス

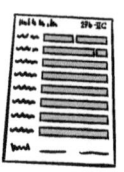

dat Formulor

フォーム

dat Dokument

書類

köpen

買う

betahlen

支払う

hanneln

取引する

dat Geld

お金

de Dollar

ドル

de Euro

ユーロ

de Yen

円

de Ruvel

ルーブル

de Swiezer Franken

スイスフラン

de Renminbi Yuan

人民元

de Rupie

ルピー

de Geldautomat

キャッシュポイント

de Wesselstuuv

両替所

dat Gold

金

dat Sülver

銀

dat Ööl

油

de Energie

エネルギー

de Pries

価格

de Verdrag

契約

de Stüer

税金

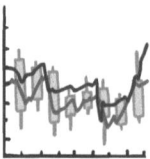

de Andeelschien

株

arbeiden

働く

de Anstellte

従業員

de Arbeitgever

雇用主

de Fabrik

工場

de Hökerie

ショップ

de Wachtmeester
警察官

de Füerwehrmann
消防士

de Kock
コック

de Dokter
医師

de Fleger
パイロット

de Goorner

庭師

de Discher

大工

de Neihersche

お針子

de Richter

裁判官

de Chemiker

化学者

de Schauspeler

俳優

de Busfohrer

バスの運転手

de Taxifohrer

タクシー運転手

de Fischer

漁師

de Reinmaakfru

掃除婦

de Dackdecker

屋根ふき職人

de Kellner

ウェイター

de Jäger

ハンター

de Maler

塗装工

de Bäcker

パン屋

de Elektriker

電気工

de Buarbeider

建設作業員

de Ingenieur

エンジニア

de Slachter

肉屋

de Klempner

配管工

de Postbüdel

郵便配達人

de Suldat

軍人

de Architekt

建築家

de Kasserer

レジ係

de Florist

花屋

de Putzbüdel

美容師

de Schaffner

車掌

de Mechaniker

機械工

de Kaptein

キャプテン

de Tähndokter

歯科医

de Wetenschopler

科学者

de Rabbi

ラビ

de Imam

イスラム導師

de Mönk

修道士

de Paap

牧師

dat Warktüüch

道具

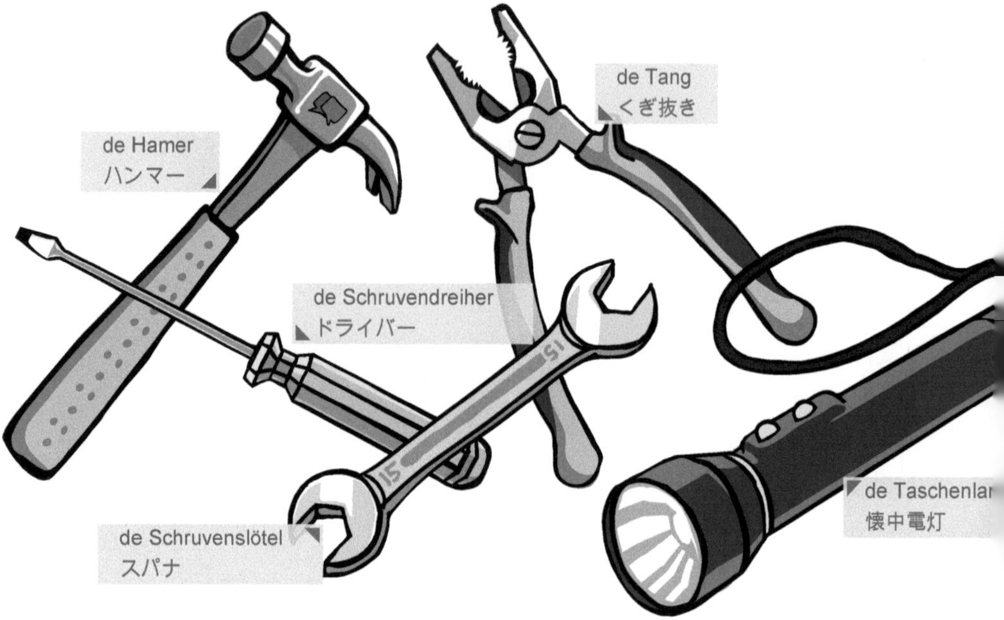

de Hamer
ハンマー
de Tang
くぎ抜き
de Schruvendreiher
ドライバー
de Schruvenslötel
スパナ
de Taschenla
懐中電灯

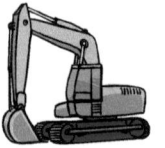

de Grieper

掘削機

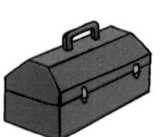

de Warktüüchkassen

道具箱

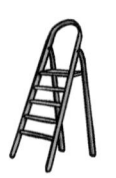

de Ledder

はしご

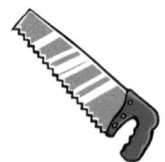

de Saag

のこぎり

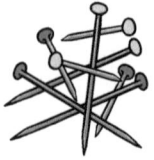

de Nagels

釘

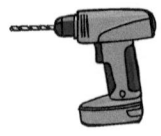

de Bohrer

ドリル

heelmaken

修理する

de Schüffel

シャベル

Schiet!

クソ！

dat Kehrblick

ちりとり

de Farvpott

ペンキ缶

de Schruven

ネジ

de Musikinstrumenten

楽器

dat Slagtüüch
打楽器

de Luutsnacker
スピーカー

de Rietfiedel
ギター

de Bass-Vigelien
コントラバス

de Trumpeet
トランペット

dat Klaveer

ピアノ

de Vigelien

バイオリン

de Bass

バス

de Pauk

ティンパニ

de Trummeln

ドラム

dat Keyboard

キーボード

dat Saxophon

サックス

de Fleut

フルート

dat Mikrofoon

マイクロフォン

de Ingang
入口

de Tiger
虎

de Käfig
おり

dat Zebra
シマウマ

dat Deertenfoder
飼料

de Panda-Boor
パンダ

de Deerten

動物

de Elefant

象

dat Känguru

カンガルー

dat Neeshoorn

サイ

de Gorilla

ゴリラ

de Boor

熊

dat Kameel

ラクダ

de Struuß

ダチョウ

de Lööv

ライオン

de Aap

猿

de Flamingo

フラミンゴ

de Papagoi

オウム

de Iesboor

白クマ

de Pinguin

ペンギン

de Haifisch

サメ

de Pageluun

クジャク

de Slang

蛇

dat Krokodil

ワニ

de Oppasser in'n
Deertenpark
飼育係

de Saalhund

アザラシ

de Jaguor

ジャガー

dat Pony

ポニー

de Leopard

ヒョウ

dat Nilpeerd

カバ

de Giraff

キリン

de Aadler

鷲

dat Wildswien

雄豚

de Fisch

魚

de Schildkrööt

亀

dat Walross

セイウチ

de Voss

狐

de Gazell

ガゼル

de Amerikaansch Football
アメフト

dat Radfohren
サイクリング

dat Tennis
テニス

de Korfball
バスケットボール

dat Swümmen
水泳

dat Ieshockey
アイスホッケー

dat Boxen
ボクシング

de Football
サッカー

dat Fedderball
バドミントン

de Leichtathletik
陸上競技

de Handball
ハンドボール

dat Skilopen
スキー

dat Polo
ポロ

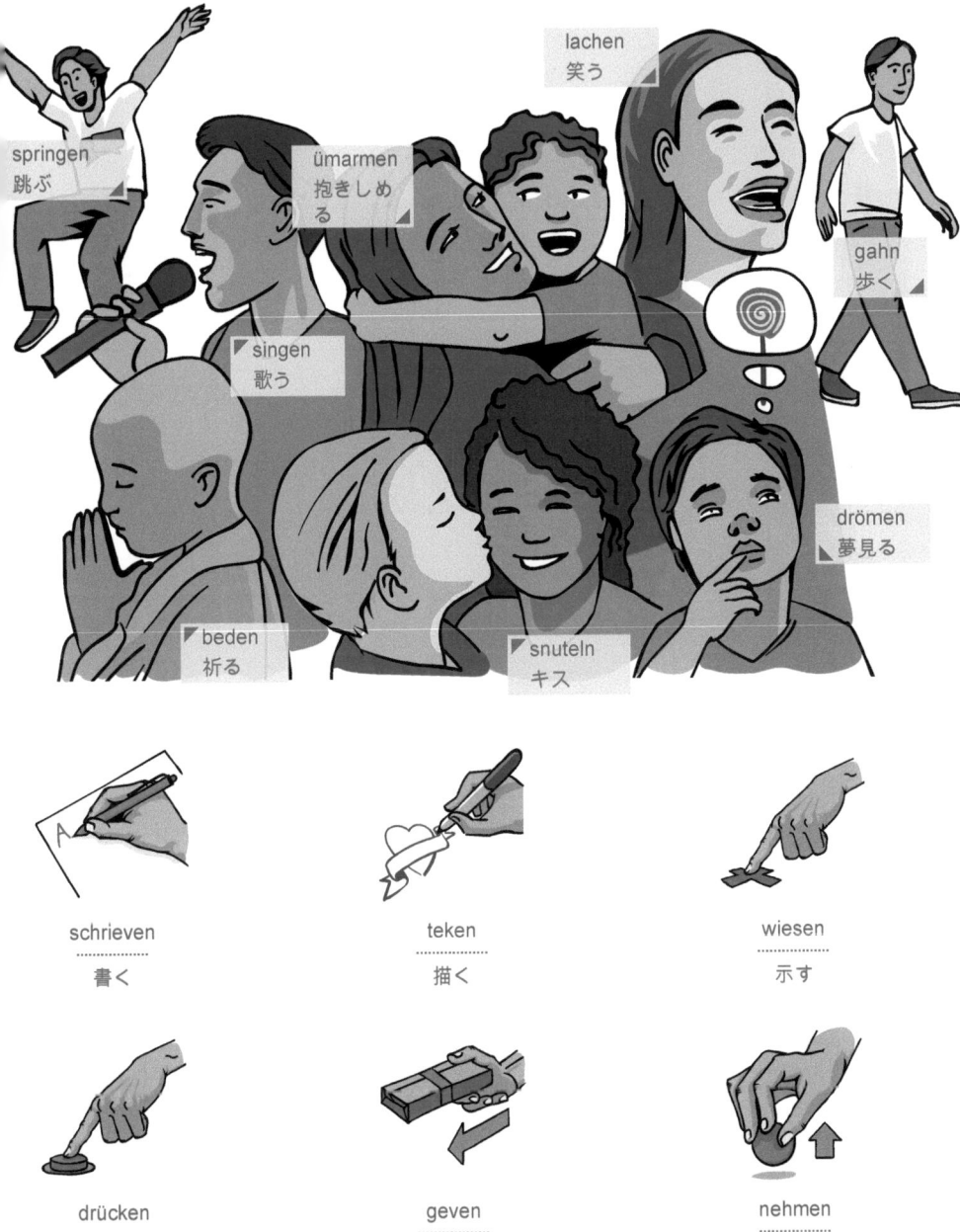

springen
跳ぶ

ümarmen
抱きしめ
る

lachen
笑う

gahn
歩く

singen
歌う

drömen
夢見る

beden
祈る

snuteln
キス

schrieven
書く

teken
描く

wiesen
示す

drücken
押す

geven
与える

nehmen
取る

hebben

持っている

doon

する

sien

ある

stahn

立つ

lopen

走る

trecken

引く

smieten

投げる

fallen

落ちる

liggen

横たわっている

töven

待つ

dregen

運ぶ

sitten

座る

antrecken

着る

slapen

眠る

opwaken

目が覚める

ankieken

見る

wenen

泣く

eien

なでる

kämmen

櫛ですく

snacken

話す

verstahn

理解する

fragen

質問する

hören

聞く

drinken

飲む

eten

食べる

oprümen

片づける

leefhebben

愛する

kaken

料理する

fohren

運転する

flegen

飛ぶ

segeln

ヨットに乗る

reken

計算する

lesen

読む

lehren

学ぶ

arbeiden

働く

de Plünnen tohoopsmieten

結婚する

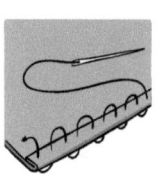

neihen

縫う

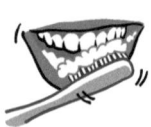

Tähnen putzen

歯を磨く

dootmaken

殺す

smöken

喫煙する

schicken

送る

de Familje
家族

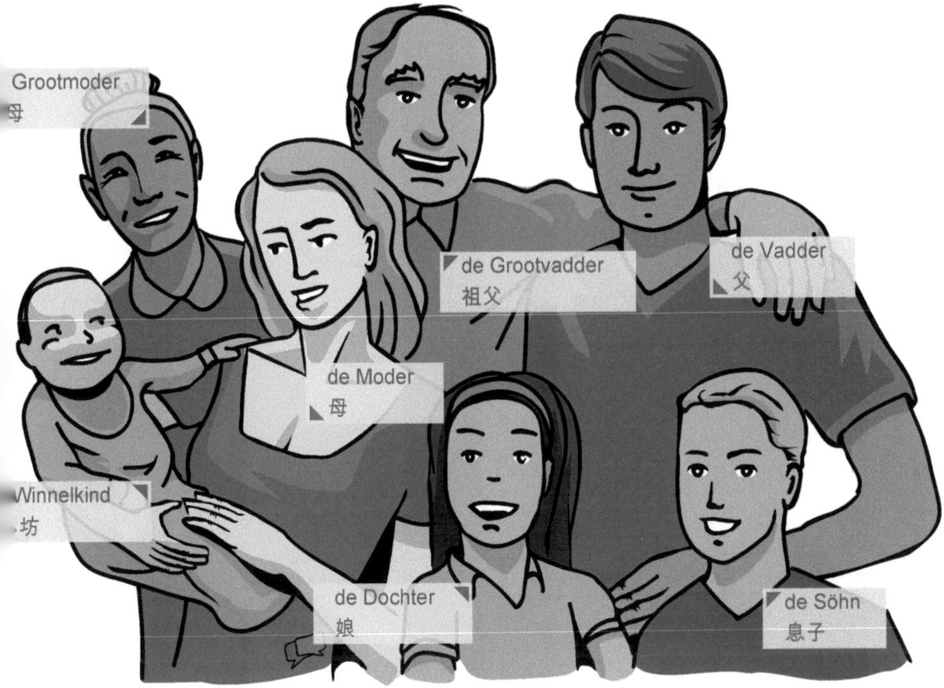

Grootmoder
母
de Grootvadder
祖父
de Vadder
父
de Moder
母
Winnelkind
坊
de Dochter
娘
de Söhn
息子

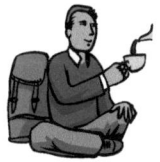

de Gast

お客様

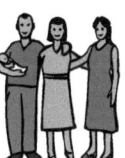

de Tant

おば

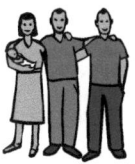

de Unkel

おじ

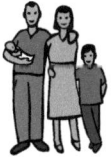

de Broder

兄弟

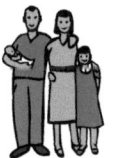

de Süster

姉妹

de Lief

体

de Vörkopp
ひたい
dat Oog
目
de Schuller
肩
de Finger
指
dat Gesicht
顔
dat Kinn
あご
de Hand
手
dat Been
脚
de Bost
胸
de Arm
腕

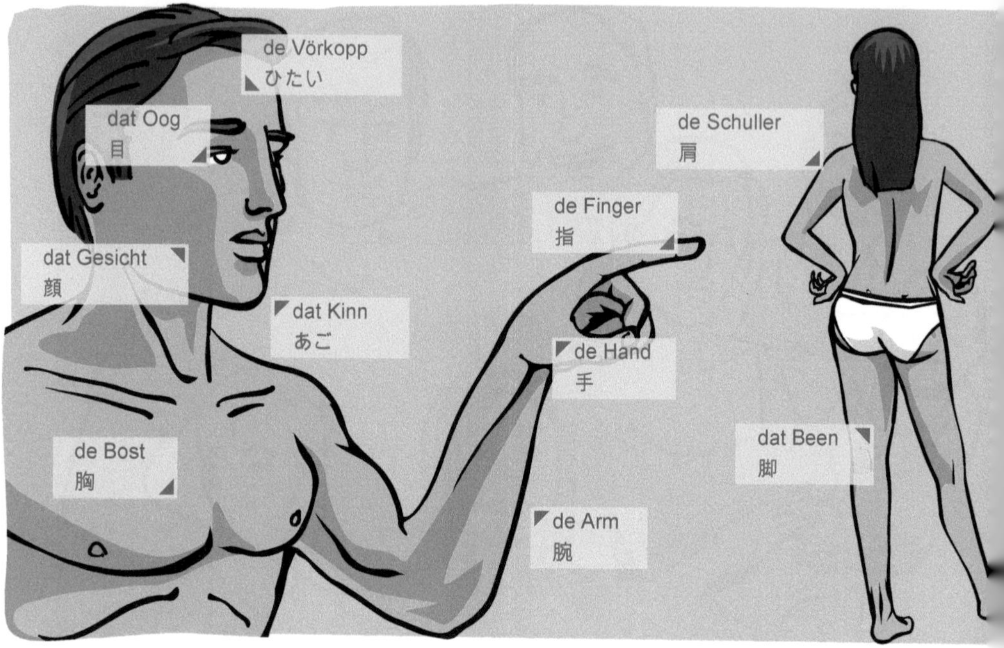

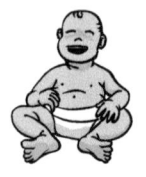

dat Winnelkind

赤ん坊

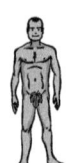

de Mann

男性

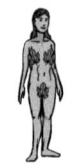

de Fro

女性

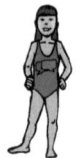

de Deern

少女

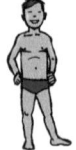

de Jung

少年

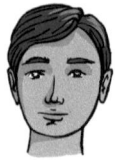

de Arm

頭

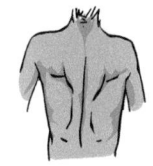

de Rüch

背中

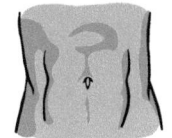

de Buuk

腹

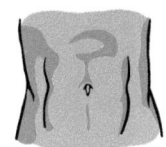

de Navel

へそ

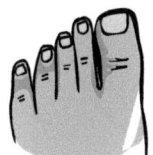

de Teh

足指

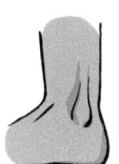

de Hack

かかと

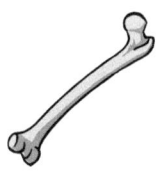

de Knaken

骨

de Hüft

腰

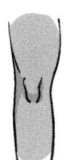

dat Knee

ひざ

de Ellbagen

ひじ

de Nees

鼻

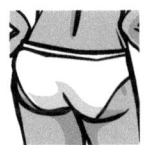

de Achtersen

尻

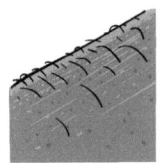

de Huut

皮膚

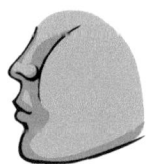

de Back

頬

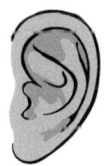

dat Ohr

耳

de Lipp

唇

de Mund

口

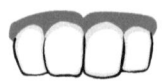

de Tähn

歯

de Tung

舌

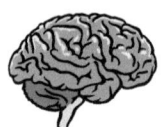

de Bregen

脳

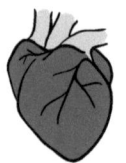

dat Hart

心臓

de Muskel

筋肉

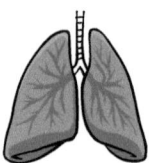

de Lung

肺

de Lever

肝臓

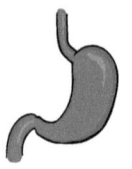

de Maag

胃

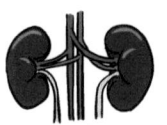

de Neren

腎臓

de Bislaap

セックス

dat Kondoom

コンドーム

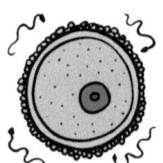

de Eizell

卵細胞

dat Sperma

精液

de Anner Ümstänn

妊娠

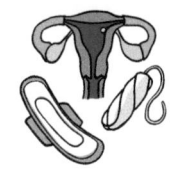

de Menstruatschoon

月経

de Scheed

膣

de Pint

ペニス

de Ogenbroe

眉

dat Hoor

髪

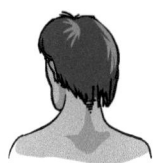

de Hals

首

dat Krankenhuus
病院

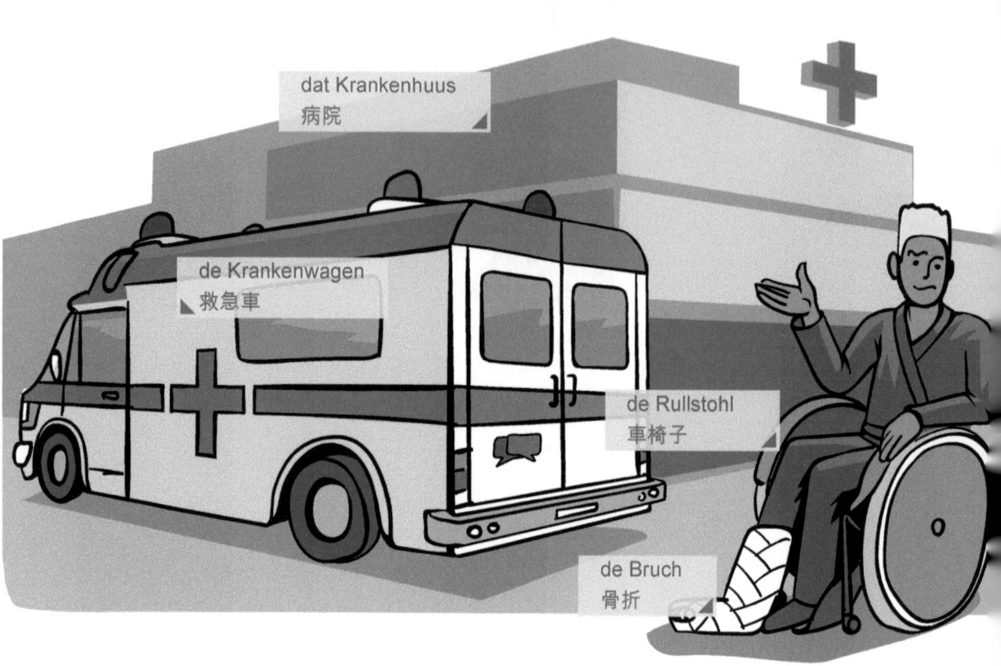

dat Krankenhuus
病院
de Krankenwagen
救急車
de Rullstohl
車椅子
de Bruch
骨折

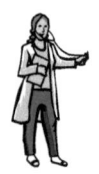

de Dokter

医師

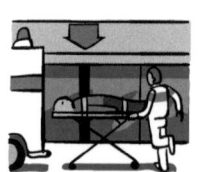

de Nootopnahm

救急治療室

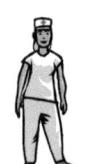

de Krankensüster

看護師

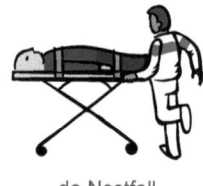

de Nootfall

救急

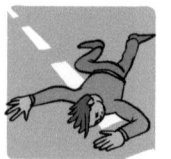

ahnmächtig

失神

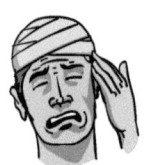

de Wehdaag

痛み

de Verwunnen

けが

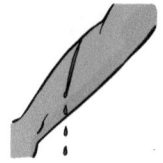

de Blöden

出血

de Hartinfarkt

心臓発作

de Slaganfall

脳卒中

de Allergie

アレルギー

de Hoosten

咳

dat Fever

熱

de Gripp

インフルエンザ

de Dörchfall

下痢

de Koppwehdaag

頭痛

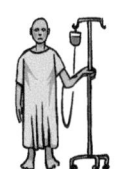

de Kreeft

癌

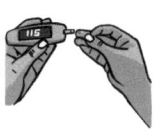

de Zuckersüük

糖尿病

de Chirurg

外科医

dat Chirurgsch Mess

外科用メス

de Operatschoon

手術

dat Krankenhuus - 病院

73

dat CT
CT

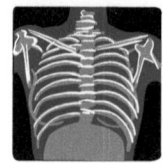

de Dörchlüchten
レントゲン

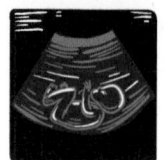

de Ultraschall
超音波

de Mask
マスク

de Krankheit
病気

de Töövruum
待合室

de Krück
松葉づえ

dat Plaaster
ばんそうこう

de Verband
包帯

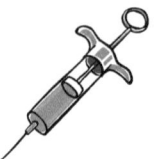

de Insprütten
注射

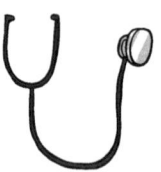

dat Stethoskop
聴診器

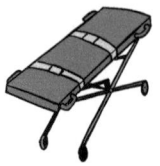

de Draag
担架

dat Feverthermometer
体温計

de Geboort
出産

dat Övergewicht
肥満

de Höörapparat

補聴器

dat Kiemfriemiddel

消毒剤

de Ansteken

感染

de Virus

ウイルス

dat HIV / AIDS

HIV / エイズ

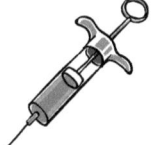

dat Heelmiddel

内服薬

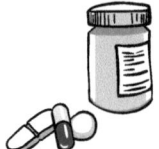

de Impen

予防接種

de Tabletten

錠剤

de Pill

ピル

de Nootroop

緊急電話

de Blootdruck-Meter

血圧計

krank / gesund

病気の　/　健康な

Hölp!

助けて！

de Alarm

アラーム

de Överfall

暴行

de Angreep

攻撃

de Gefohr

危険

de Nootutgang

非常口

dat Füer!

火事だ！

de Füerlöscher

消火器

de Unfall

事故

de Noothölpkoffer

救急箱

SOS

SOS

de Polizei

警察

Europa

ヨーロッパ

Noordamerika

北米

Süüdamerika

南米

Afrika

アフリカ

Asien

アジア

Australien

オーストラリア

de Atlantik

大西洋

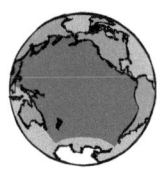

de Pazifik

太平洋

dat Indisch Weltmeer

インド洋

t Antarktisch Weltmeer

南極海

dat Arktisch Weltmeer

北極海

de Noordpol

北極

de Süüdpol

南極

de Antarktis

南極大陸

de Eerd

地球

dat Land

陸

de See

海

dat Eiland

島

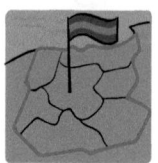

de Natschoon

国家

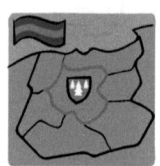

de Staat

国家

dat Tallenblatt

文字盤

de Stunnenwieser

短針

de Minutenwieser

長針

e Sekunnenwieser

秒針

Wo laat is dat?

何時ですか？

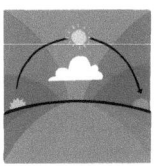

de Dag

日

de Tiet

時間

nu

現在

de digetaalsch Klock

デジタル時計

de Minuut

分

de Stunn

時間

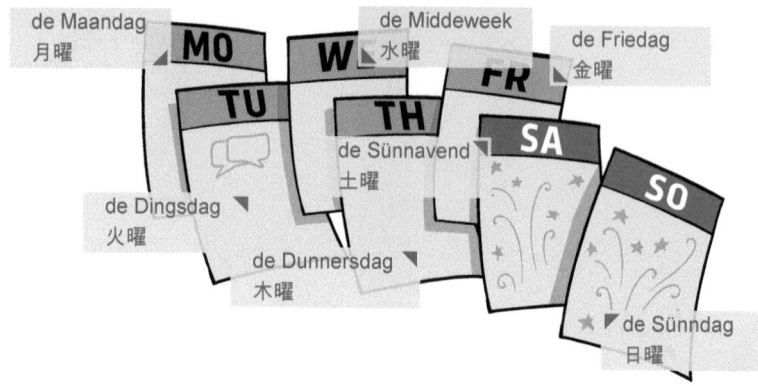

de Maandag
月曜

de Middeweek
水曜

de Friedag
金曜

de Dingsdag
火曜

de Sünnavend
土曜

de Dunnersdag
木曜

de Sünndag
日曜

güstern
昨日

hüüt
今日

morgen
明日

de Morgen
朝

de Meddag
昼

de Avend
夜

de Arbeitsdaag
営業日

dat Wekenenn
週末

de Regenbagen
虹

de Regen
雨

de Snee
雪

de Wind
風

dat Fröhjohr
春

de Harvst
秋

de Sommer
夏

de Winter
冬

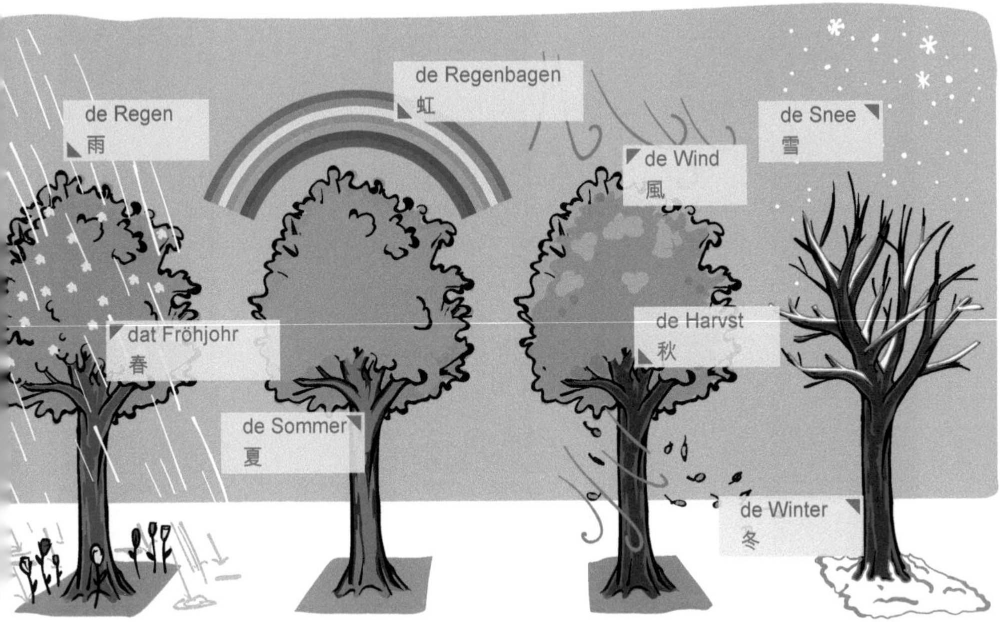

de Wedervörhersaag
天気予報

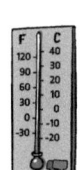

dat Thermometer
温度計

de Sünnenschien
日差し

de Wulk
雲

de Nevel
霧

de Luftfuchtigkeit
湿度

de Blitz

雷

de Dunner

雷

de Storm

嵐

de Hagel

ひょう

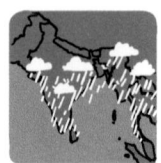

de Monsun

季節風

de Floot

洪水

dat Ies

氷

de Januormaand

1月

de Februormaand

2月

de Martmaand

3月

de Aprilmaand

4月

de Maimaand

5月

de Junimaand

6月

de Julimaand

7月

de Augustmaand

8月

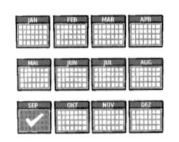

de Septembermaand

9月

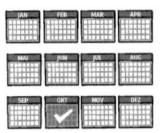

de Oktobermaand

10月

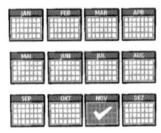

de Novembermaand

11月

de Dezembermaand

12月

de Formen

形

de Krink

円

dat Quadrat

正方形

dat Rechteck

長方形

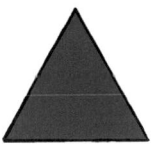

dat Dreeeck

三角

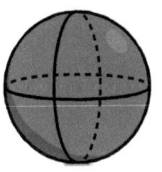

de Kugel

球

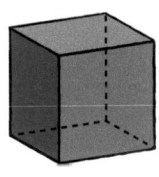

de Wörpel

立方体

de Farven

色

witt
白

geel
黄

orangsch
オレンジ

pink
ピンク

root
赤

lila
紫

blau
青

gröön
緑

bruun
茶

gries
灰色

swart
黒

veel / wenig

多い / 少ない

böös / verdreeglich

怒っている /
落ち着いている

smuck / mies

美しい / 醜い

de Begünn / dat Enn

初め / 終わり

groot / lütt

大きい / 小さい

hell / düüster

明るい / 暗い

de Broder / de Süster

兄弟 / 姉妹

schier / schietig

清潔な / 汚い

kumpleet / nich kumpleet

完全な / 不完全な

de Dag / de Nacht

日中 / 夜

doot / lebennig

死んだ / 生きている

breet / small

幅広い / 狭い

geneetbor / nich geneetbor

食べられる /
食べられない

böös / fründlich

悪意のある / 親切な

fickerig / langwielt

興奮している /
退屈している

dick / dünn

太った / 痩せた

toeerst / toletzt

最初に / 最後に

de Fründ / de Fiend

友人 / 敵

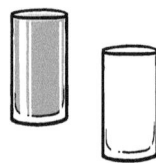

vull / leddig

いっぱいの / 空の

hart / week

硬い / 柔らかい

swoor / licht

重い / 軽い

de Smacht / de Döst

空腹 / 喉の渇き

krank / gesund

病気の / 健康な

nich na't Recht / na't Recht

違法な / 合法な

klook / dummerhaftig

賢い / 愚かな

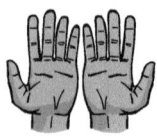

linkerhand / rechterhand

左に / 右に

neeg / feern

近い / 遠い

nieg / bruukt

新しい　/　中古の

nix / wat

何もない　/　何かある

oolt / jung

老いた　/　若い

an / ut

オン　/　オフ

apen / slaten

開いている　/
閉まっている

lies / luut

静かな　/　うるさい

riek / arm

裕福な　/　貧乏な

richtig / verkehrt

正しい　/　間違っている

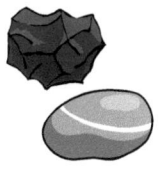

ruug / glatt

粗い / なめらか

trurig / glücklich

悲しい　/　幸せな

kort / lang

短い　/　長い

suutje / flink

ゆっくり　/　速い

natt / dröög

濡れた　/　乾いた

warm / köhl

温かい　/　冷たい

de Krieg / de Freden

戦争　/　平和

0

null

ゼロ

1

een

1

2

twee

2

3

dree

3

4

veer

4

5

fief

5

6

söss

6

7

söven

7

8

acht

8

9

negen

9

10

teihn

10

11

ölven

11

12

twölf
....
12

13

dörteihn
....
13

14

veerteihn
....
14

15

föffteihn
....
15

16

sössteihn
....
16

17

söventeihn
....
17

18

achtteihn
....
18

19

negenteihn
....
19

20

twintig
....
20

100

hunnert
....
100

1.000

dusend
....
1000

1.000.000

million
....
100万

dat Engelsch

英語

dat Amerikaansch Engelsch

アメリカ英語

dat Chineesch Mandarin

中国標準語

dat Hindi

ヒンディー語

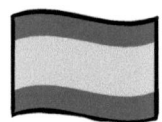

dat Spaansch

スペイン語

dat Franzöösch

フランス語

dat Araabsch

アラビア語

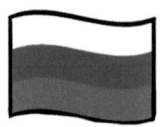

dat Rusch

ロシア語

dat Portugiesch

ポルトガル語

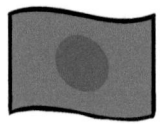

dat Bengaalsch

ベンガル語

dat Düütsch

ドイツ語

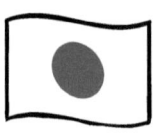

dat Japaansch

日本語

ik

私

du

あなた

he / se / dat

彼 / 彼女 / それ

wi

私たち

ji

あなたたち

se

彼ら

keen?

誰？

wat?

何？

woans?

どうやって？

woneem?

どこ？

wannehr?

いつ？

de Naam

名前

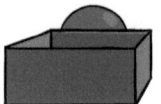

achter

後ろ

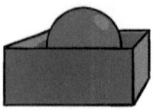

in

中

vör

前

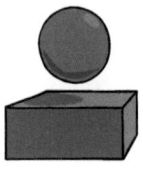

över

上

op

上

ünner

下

blangen

横

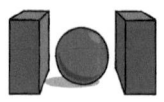

twüschen

間

de Oort

場所